QUESTION INTERNATIONALE.

CAPTURE ET CONFISCATION DE PROPRIÉTÉS ANGLAISES.

BLOCUS FRANÇAIS DE BUENOS-AYRES DE 1847 A 1848.

PHASE DE LA RÉVISION.

REQUÊTE SOMMAIRE
A SA MAJESTÉ L'EMPEREUR.

MOYENS. — CONCLUSIONS.

Summum Jus — Summa injuria.

L'ÉQUITÉ EST LA PREMIÈRE DETTE DE LA SOUVERAINETÉ.
Rapport de M. de Portalis, Commissaire du Gouvernement.
9 Prairial an VIII.

PAU,

IMPRIMERIE ET LITHOGRAPHIE DE É. VIGNANCOUR.

INDEX.

CONFISCATION DU BRICK ANGLAIS

THE FAME.

PHASE DE LA DÉCISION.

[illegible]

Conseil d'État

CABINET

Monsieur,

[illegible]

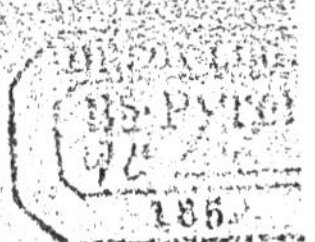

CONFISCATION DU BRICK ANGLAIS
THE FAME.

PHASE DE LA RÉVISION.

Summun jus, summa injuria,

Quelques jours après avoir terminé mon travail du 8 octobre dernier, j'ai reçu de l'honorable M. Bourguignat, avocat au Conseil d'Etat, la lettre que voici :

Conseil-d'Etat

CABINET DU PRÉSIDENT.

Paris, le 26 octobre 1853.

Monsieur,

J'ai l'honneur de vous informer que Son Excellence le Président du Conseil-d'Etat, qui a reçu de nombreux documents relatifs à la prise du navire Anglais *The Fame*, capturé dans les eaux de la Plata, désire être saisi par une pièce régulière, c'est-à-dire, par un Recours qui serait formé d'après le mode en usage et qui serait de nature à résumer d'une manière succincte et concluante les prétentions de Monsieur Bellemare, lequel aurait à joindre à ce Recours régulier et manuscrit, le Mandat qu'il a reçu des propriétaires du navire dont il s'agit, à l'effet de les représenter dans le Recours qu'ils entendent adresser à l'Empereur.

Je ne saurais trop insister, Monsieur, sur la nécessité de conclure d'une manière précise ; aussitôt que

Monsieur Bourguignat, Avocat au Conseil-d'Etat et à la Cour de Cassation., Paris.

ce Recours sera parvenu à Son Excellence le Président du Conseil-d'Etat, cette affaire suivra son cours légal et régulier.

Recevez, Monsieur, l'assurance de ma considération la plus distinguée.

Le Chef du Cabinet,

Signé : **HUDAULT.**

Je me suis mis immédiatement en devoir de satisfaire au désir de Son Excellence; et, après en avoir donné connaissance aux propriétaires du *Fame*, j'ai fait, en leur nom, la REQUÊTE qu'on va lire. Elle remplace, *mais en la maintenant*, celle que j'avais adressée à Sa Majesté Impériale le 28 mai dernier; car, ainsi que j'en ai été informé tout récemment, cette requête paraît s'être égarée dans les bureaux du Ministère d'Etat; et, *c'est grâces à la bienveillante recommandation du Gouvernement de Sa Majesté Britannique*, que l'attention du Gouvernement Français se trouve aujourd'hui appelée sur cette affaire.

REQUÊTE SOMMAIRE
A SA MAJESTÉ L'EMPEREUR.

MOYENS. — CONCLUSIONS.

La Chartreuse, commune de Rontignon (Près Pau), le 15 Novembre 1853.

SIRE,

Le Soussigné, comme Mandataire de MM. Wright Parlane et C.ie, sujets de Sa Majesté Britannique et propriétaires du Brick Anglais *The Fame* et de sa cargaison, capturés le 11 février 1848 dans les eaux de la Plata par le Vapeur de guerre Français *la Chimère*, a eu l'honneur de recourir à l'autorité de VOTRE MAJESTÉ IMPÉRIALE, le 28 mai dernier, en demandant qu'il lui plût d'ordonner un nouvel examen de cette affaire, nonobstant le décret du 12 juin 1850 qui a déclaré valide la prise de ce navire.

Le 15 juin suivant, les Réclamants ont présenté au Gouvernement de Sa Majesté Britannique une copie de ce Recours et du Mémoire justificatif, en sollicitant son appui auprès de Sa Majesté Impériale aux fins du susdit Recours. (*Lettres* n° 1)

Le Gouvernement de Sa Majesté Britannique, dont l'attention avait déjà été appelée, en 1848, *d'une manière directe et officielle sur cette prise, par ses Agents diplomatiques* dans la Plata (*Note* n° 2), a déféré à la prière des Réclamans, et donné des instructions *ad-hoc* à son Ambassadeur à Paris, ainsi qu'il résulte encore de la lettre ci-jointe (n° 3; voir la note rectificative ci-annexée.)

C'est de cette manière, SIRE, et par cette voie si respectable, que la Juridiction Souveraine de Votre Majesté se trouve aujourd'hui saisie de cette affaire, et que sa haute et bienveillante attention est appelée, d'abord sur le Recours du 28 mai de cette année, dont l'original *manuscrit, et en tout parfaitement régulier, paraît s'être égaré dans les bureaux du Ministère d'État*, auquel il avait été adressé, ainsi que d'usage; et, ensuite, sur le *Mémoire Additionnel* du 8 octobre dernier; desquels Recours et Mémoires Son Excellence M. l'Ambassadeur d'Angleterre, agissant d'après des instructions de son Gouvernement, ainsi qu'il résulte de la lettre ci-dessus citée, a transmis des exemplaires, le 7 juillet et le 12 octobre derniers au Gouvernement de Votre Majesté Impériale.

Cette haute et puissante recommandation a été justement considérée par Votre Majesté Impériale, comme étant une des présomptions les plus respectables de la justice de cette cause et du bien fondé de ce Recours; et c'est sans doute ainsi qu'elle a daigné en ordonner le renvoi devant Son Excellence M. Baroche, Président du Conseil d'Etat, pour lui en faire le rapport.

C'est dans cet état de choses qu'a été transmise au Soussigné la lettre ci-jointe (n° 4) par laquelle il est informé : « *que Son Excellence M. le Président du » Conseil d'Etat désire être saisi par une pièce régulière, c'est-à-dire par un » Recours formé d'après le mode en usage et qui soit de nature à résumer » d'une manière succincte et concluante les prétentions des Réclamants; pièce » à laquelle doit être joint le mandat que l'Exposant a reçu d'eux à l'effet de » les représenter dans ce Recours.* »

En réponse à cette invitation, le Soussigné s'est empressé, comme il s'empresse encore, de protester du respect et de l'obéissance avec lesquels les Réclamants veulent se conformer aux formes et aux usages judiciaires de la France; et c'est, animé de ces sentiments, qu'il vient, en leur nom, présenter à Votre Majesté, la Requête qui leur est demandée, en suppliant toutefois, *qu'elle ne soit pas considérée comme remplaçant, ni surtout comme mettant à néant, celle qu'il avait déjà adressée le 28 mai dernier à Votre Majesté Impériale*, puisque le Gouvernement de Sa Majesté Britannique, jugeant cette première prière digne de son appui, l'a transmise à celui de Votre Majesté avec les Mémoires *qui contiennent la défense entière et consciencieuse des Réclamants, et les a recommandés à son attention.*

En invoquant de nouveau, comme ils le font aujourd'hui, et avec la plus entière confiance, la haute équité de Votre Majesté Impériale, les Réclamants osent espérer qu'elle approuvera tout ce qui, de leur part, ne peut être considéré que comme une marque de leur profond respect pour le Gouvernement de leur Pays, et de leur sincère reconnaissance pour l'appui qu'il daigne prêter à leur juste réclamation.

L'Exposant soumet maintenant à Votre Majesté, et d'une manière qu'il désire rendre aussi conforme à l'usage que le permettent l'état exceptionnel où se trouve aujourd'hui cette affaire, et la nature si spéciale des questions qui s'y rattachent, les CONCLUSIONS qui résument les *principaux moyens et l'objet de la Requête*, et il annexe *le mandat* que les Réclamants lui ont donné (pièce n° 5.)

MOYENS : Le Soussigné supplie Votre Majesté de lui permettre de confirmer tout ce qu'il a exposé dans les deux Mémoires présentés comme il vient d'être dit, et ensuite de rappeler qu'il y a prouvé d'une manière évidente et incontestable :

EN LA FORME : 1° « Que le Fame a été jugé en premier ressort par une Commission « *illégalement* composée, c'est-à-dire, contrairement à ce que prescrit l'article 23 du Règle- « ment du 6 Germinal an VIII ; EN CE QUE *les deux assesseurs qui en faisaient partie n'ont* « *pas été choisis parmi les Français* ÉTABLIS *dans le lieu de la résidence du Consul*, *ainsi* « *que le veut expressément la loi*, *à laquelle il était cependant notoirement possible d'obéir.* » (pages 18 et 22 du premier Mémoire ; 14 et 33 du second.) (*)

L'instruction a donc été, on peut l'affirmer, *privée d'un élément essentiel* qui *tient à l'ordre public dans l'ordre des Juridictions*, à savoir : la sentence du premier degré.

Elle a été aussi privée d'autres éléments également essentiels (pages 26 à 34 du premier Mémoire.)

2° « Que la vente de cette prise est ENTIÈREMENT ILLÉGALE en ce qu'on y a procédé d'une « manière absolument contraire à l'esprit et à la lettre des articles 80 et 81 du Règlement « du 2 Prairial an XI, combinés avec l'article 11 de celui du 6 Germinal an VIII, puisque « cette vente a été consommée, *non seulement sans le consentement* du capitaine, mais en- « core MALGRÉ ses protestations, sans l'expertise voulue dans ce cas par la loi Française, « et MALGRÉ, SURTOUT, les réclamations des ayant-droit et leur offre de donner caution « valable *moyennant même le dépôt en espèces métalliques de la valeur entière de la prise.* » (pages 22, 23 et 46 à 59 du premier Mémoire, et 15 et 34 du second.)

AU FOND : 1° « Qu'à l'époque de la capture du *Fame* le blocus de Buenos-Ayres *avait* « *cessé depuis longtemps d'être effectif*, *uniforme et impartial* dans son exécution, c'est-à- « dire qu'il n'était plus légitime dans son existence ni dans ses effets, au point de vue « du droit des Gens Universel, ni à celui des maximes et de la pratique de la France.

« Cette assertion est incontestable ; car elle est entièrement conforme aux termes dans « lesquels le Gouvernement Français a qualifié d'INEFFECTIF et d'EXPÉDIENT PEU LOYAL, ce « même blocus qu'on a pratiqué ainsi, au nom de la France, longtemps avant cet aveu « officiel, et encore longtemps après.

« C'est ce qui résulte *exactement* de documents diplomatiques émanés du Gouvernement « Français ; ces documents sont cités dans le rapport présenté et lu à l'Assemblée Consti- « tuante, le 11 juillet 1848, par Son Excellence Monsieur Drouyn de Lhuys, au nom du « Comité des Affaires Étrangères et inséré au *Moniteur Universel* du 13 juillet 1848 n° 195 « paragraphes 14 et 19. Pages 80 et 110 du 1er Mémoire.

(*) Les formes à suivre pour les jugements des Prises Maritimes sont déterminées *par l'arrêté du 6 germinal, an VIII, qui est encore en vigueur dans toutes ses dispositions*, autres que celles relatives à l'organisation du Conseil supérieur des Prises. (*Cette dernière disposition ayant été abrogée par le décret du 23 août 1815 qui confère au Conseil d'État les attributions du Conseil des Prises*). DALLOZ, tome IV, page 59. — Et d'ailleurs cet Arrêté est invoqué dans la décision du Conseil relative au Fame.

« Qu'on a fait subir au *Fame* un traitement exceptionnel en ce qu'on n'y a pas soumis » des milliers de navires qui l'ont précédé et suivi dans la même voie, sous les yeux, à » la portée des croiseurs Français, et *conséquemment de leur consentement.*

» Et que ce n'est sans doute, que par une erreur dont l'évidence est démontrée dans le » susdit Mémoire que cette prise a pû être confisquée. (Pages 7, 39 et 57 du 1er Mémoire.)

CONCLUSIONS.

C'est en vertu de ces motifs, SIRE, et de ceux qui sont exposés dans les Mémoires susdits, que le Soussigné a, de nouveau, recours à Votre Autorité, en suppliant qu'il plaise à Votre Majesté :

Rapporter le décret du 12 juin 1850 qui déclare valide la prise du *Fame*.

Et par voie de conséquence :

Ordonner la restitution pleine et entière des propriétés capturées *ou à défaut de ce*, que les Réclamants soient *justement indemnisés* pour *les préjudices que cette capture et ses suites leur ont accasionnés.*

En s'adressant à V. M. I. les Réclamants voudraient s'abstenir de poser aucun chiffre; il leur paraîtrait plus conforme à la nature toute spéciale de cette affaire de s'en rapporter entièrement à la justice et à l'équité de V. M. I., car, il est certain qu'elle voudra remettre en honneur, par un acte éclatant de loyauté Internationale, tous les principes qui ont été ici méconnus et violés.

En effet, il est clairement démontré dans les Mémoires à l'appui du Recours (pages 51 à 66, 81 et 133), qu'on a agi dans l'affaire du *Fame*, *depuis l'origine*, d'une manière absolument contraire à la Jurisprudence de la France! aux Règles de son propre droit Maritime et aux Principes de Droit International qu'elle s'est toujours fait honneur de professer et de maintenir.

Jusqu'à présent, est-il-dit, dans la Consultation de Droit ci-annexée, « *jusqu'à présent les formes ont été violées et les principes de droit Maritime et de Droit International méconnus dans cette affaire.* »

Dans une question qui se pose de cette manière, et où les Gouvernements des plus grandes puissances Maritimes du monde, *celui de la France*, *premier entre tous*, ont pris l'initiative du blâme le plus sévère et le plus complet de tout les faits dont les Réclamants souffrent aujourd'hui depuis près de 6 ans., il leur paraissait plus convenable et surtout plus en harmonie avec les sentiments de respect et de confiance qu'ils éprouvent en s'adressant directement à V. M. I., il leur paraîssait plus convenable d'éviter tout ce qui pourrait paraître imposer un chiffre à Sa justice et à Son équité; et, c'est animé de ces sentiments, que le Soussigné avait conclu dans sa première Requête seulement: *à ce qu'il plût à V. M. de déférer cette grave et importante affaire à une Commission spéciale* A TOUTES LES FINS QUE DE DROIT.

Mais, aujourd'hui, qu'il est en quelque sorte mis en demeure de conclure en chiffres, le Soussigné demande à V. M. I. la permission d'établir ici ceux qui lui feront connaître la valeur réelle des propriétés réclamées, au moment de la capture, et l'importance des préjudices que celle-ci leur a causés; ces chiffres vont être mis sous les yeux de V. M., *à titre de renseignements*, afin qu'elle y trouve tous les éléments nécessaires pour que Sa Justice puisse s'exercer dans toute sa plénitude, si V. M. juge qu'il doive en être ainsi, comme sans doute Elle le fera conformément aux Précédents établis par la France même, et pour le maintien des principes qu'*elle a fait consacrer en matière de prises et de Blocus maritimes, notamment dans sa* CONVENTION DU 21 AOÛT 1828, AVEC LE BRÉSIL, d'où il résulte :

1.° Que l'autorité de la chose définitivement jugée par les Tribunaux d'un pays étranger, n'a pas été regardée par le Gouvernement Français comme devant mettre obstacle à la réparation qu'il demandait pour la capture de navires Français, pris en 1826, par l'escadre Brésilienne qui bloquait alors Buenos-Ayres.

2.° Que le G[illegible]ernement Français a exigé que cette réparation fût complète, c'est-à-dire, que le Brésil payât, non seulement la valeur entière des navires et de leurs cargaisons, le fret acquis et toutes les dépenses occasionnées par la capture, mais encore, une allocation à titre de dommages-intérêts, ainsi qu'il est stipulé dans les articles 2 et 3 de cette, Convention qui est reproduite à la page 123 du Mémoire. (*)

(*) Art. 1er. [illegible] Gouvernement du Brésil s'oblige et s'engage à payer au Gouvernement Français en indemnité de pertes causées à ses sujets, *la valeur* des coques agrès et cargaisons des navires Français qui ont été saisis et capturés par l'escadre et la rivière de la Plata *et définitivement condamnés par les Tribunaux du Brésil.*

Art. 2. Ces indemnités auront pour base, quant aux navires, la valeur de leurs coques et agrès, estimés d'après les polices d'assurances, lorsqu'il ne s'élèvera contre elles aucun soupçon fondé de dol ou de fraude dans leur évaluation, à laquelle seront ajoutés le *montant du fret acquis* et les frais et débours extraordinaires pour solde et entretien d'équipages, et pour toutes dépenses quelconques occasionnées par l'arrestation et la capture du bâtiment; et, quant aux cargaisons le compte sera réglé d'après les manifestes, connaissemens et factures et d'après les prix courants des marchandises dans le Port de Rio-Janeyro au moment de l'arrestation. Les polices d'assurances, connaissemens, factures,

C'est donc conformément à tout ce qui se trouve stipulé et prescrit dans cette Convention, invoquée ici comme Précédent d'une valeur incontestable, et PAR ANALOGIE, que les Réclamants établissent ces chiffres comme suit :

1.° Pour la valeur du navire d'après la police d'assurance (pièce n° 6) 1,200 liv. stg.

2.° Pour le fret acquis suivant le compte n° 7, avec le certificat à l'appui, 855—9—9 liv. stg.

3.° Pour les débours extraordinaires, solde et entretien d'équipage, et frais occasionnés par l'arrestation et la capture du bâtiment, jusqu'ici 164 liv. stg.

4.° Pour la cargaison, *valeur estimée d'après les prix courants du port de destination, qui est ici l'analogue de celui de Rio-Janeyro, mentionné dans l'article 2 de la convention précitée*, 6,433 — 11 — 10 liv. stg. (pièce 8), tandis que le premier coût était de 5,839 — 5 — 10 liv. stg. (pièce n° 9).

Soit, en tout, pour la valeur réelle de la prise, établie sur les bases précitées, une somme totale de 8,652 — 3 — 2 liv. stg., ou en fr. **210,300**.

Et, en ce qui touche l'allocation stipulée dans l'article 3 de cette Convention, à *titre de dommages et intérêts*, quoique les Réclamants eussent d'abord ordonné au Soussigné d'en faire la demande expresse, ainsi qu'il appert de son *Mandat*, ils ont subséquemment déclaré, et déclarent encore ici par mon organe, s'en remettre entièrement à l'équité de V. M. I. (*).

---

comptes de frais et débours et tous autres documens quelconques devront être présentés légalisés en bonne et due-forme.

Art. 3. A la valeur de l'indemnité, qui sera liquidée pour chaque bâtiment, sera ajouté, *à titre de dommages et intérêts, un intérêt de 6 pour cent par an à partir d'un mois après la capture jusqu'aux époques ci-dessous fixées* pour les paiements; et au montant total des indemnités qui seront liquidées pour les *cargaisons, frêt, dépenses et débours extraordinaires occasionnés par la capture sera ajouté à titre de dommages et intérêts, un intérêt de 5 pour cent par an à partir de six mois après la capture jusqu'aux dites époques.*

Manchester, 8 *novembre* 1853.

Monsieur Alfréd G. Bellemare, à la Chartreuse, (près Pau.)

MONSIEUR,

(*) Nous avons eu le plaisir de vous remettre sous ce pli divers documents pour établir la valeur entière et *bonâ-fide* du brick Anglais *The Fame* et de sa cargaison, au moment de leur saisie (*seizure*) ces pièces consistent en :

1° L'évaluation du chargement au port de destination..................	6,433—11—10 liv. stg.
2° Copie de la police d'assurance *sur le Navire* et nous déclarons que nous n'avons reçu aucune indemnité..................................	1,200—1—1
3° Compte du frêt établi d'après les prix payés au brick *Ocean Queen* affrété à la même époque ainsi qu'il est certifié...................	855—9—9
4° Compte des frais et débours que nous avons faits et payés par suite de la capture..	164—1—7
SOIT EN TOUT......................	8,652—3—2 liv. sterl.

Le Soussigné n'en parle donc ici que *pour mémoire* et expose que, calculés sur les bases de l'article 3 de la susdite Convention, ils s'élèveraient *jusqu'à présent* :

1.° Soit, à 6 %, l'an, sur la valeur du navire, à fr. 9,900

2° A 3 %, par an, sur celle de la cargaison, du fret acquis, et des frais et débours à fr. 29,760.

Soit en tout fr. 39,660 pour les intérêts.

C'est-à-dire que les préjudices causés aux Réclamants, *en capital et en intérêts* par la capture, si évidemment illégale de leurs propriétés, depuis près de 6 ans, s'élèveraient, *d'après les calculs dont la France a imposé les bases dans une Convention diplomatique* à UNE SOMME TOTALE DE FR. 256,000, à l'appui de laquelle les Réclamants produiront toutes les pièces justificatives qu'on pourra exiger, en temps et lieu.

Tout en restant dans les limites que leur imposent le respect et la confiance qu'ils éprouvent en s'adressant directement à V. M. I., les Réclamants osent exprimer leur conviction qu'elle ne considérera pas comme exagérée une demande qui se trouve si pleinement justifiée, non seulement par les faits particuliers et généraux de l'espèce, mais aussi par les Précédents que la France elle même a établis, dans un cas où l'analogie est tout à-fait en leur faveur, car, rien dans cette affaire, soit dans le fonds, soit dans la forme, ne justifie les préjudices qu'on leur a causés, puisque tout y a été fait depuis l'origine d'une manière *essentiellement illégale*; ET LE BLOCUS, qui a été officiellement qualifié, *même par le gouvernement Français*, de tout ce qui peut entacher et *entache nécessairement ses effets de nullité radicale*; et LA CAPTURE, qui *aurait été illégale lors même que le Blocus eût été régulier*, puisqu'elle a été consommée *sans que le navire ait été averti du Blocus en aucune manière*, ni surtout de celle si péremtoirement prescrite par le Gouvernement Français dans toutes ses instructions; car, *l'indispensabilité* de l'accomplissement de cette formalité, *pour que la prise soit réputée légale et valable*, est consacrée depuis longtemps par la Jurisprudence de la France et par les Traités qu'elle a faits depuis 30 ans avec diverses Puissances Maritimes, et notamment par l'article additionnel

---

que vous voudrez bien réclamer *intégralement* du Gouvernement Français.

Et en ce qui touche les dommages et intérêts, nous vous prions d'exprimer notre confiance dans l'équité de Sa *Majesté l'Empereur*, de la manière dont vous le faites, dans la requête que vous allez lui présenter en notre nom.

Nous sommes, cher Monsieur, vos très-obéissants serviteurs et amis.

Signés : WRIGHT PARLANE ET C.e

du 21 août 1828 au traité du 8 janvier 1826 avec le Brésil (*), auquel l'ordonnance des 16-24 Août 1829 a donné force de Droit public, ainsi que, et par voie de conséquence implicite, aux Principes qui se trouvent consacrés, dans la Convention du 21 Août 1828, par l'acte d'équité qui en est l'objet (*lettre du Ministre des Affaires Etrangères du 7 juin* 1842 page 133 du premier Mémoire, et pages 7 à 11 et 28 à 34 du même). Ici, encore, une des règles constantes et les plus importantes de la Jurisprudence Française a été méconnue; et LE JUGEMENT, qui a été rendu par une Commission *illégalement composée*; *et* SURTOUT LA VENTE qui est un des actes les plus arbitraires et les plus illégaux de cette affaire; tandis que, dans l'espace régie par la Convention du 21 Août 1828, *ce n'est que pour un simple vice de forme* dans la capture, que le Gouvernement Français a exigé une *indemnité pleine et entière, avec dommages et intérêts*, pour la valeur des navires ainsi pris, quoique, d'ailleurs, TOUT dans ces affaires, eût été parfaitement régulier et légal, *et le Blocus, et le jugement, et la vente!*

Les Réclamants ne doivent donc pas craindre en faisant connaître l'étendue de leurs souffrances, de diminuer les chances que, grâces au Recours qui leur est ouvert auprès de V. M., ils ont aujourd'hui d'obtenir bonne justice. Ils craindraient plutôt de méconnaître les sentiments de loyauté et d'équité qu'elle a toujours professés au nom de la France, s'ils désespéraient d'obtenir pour la réparation qui leur est loyalement due, *autre chose que le produit de la vente forcée, arbitraire et ruineuse de leurs propriétés, c'est à-dire seulement les* 85,000 *fr.* qu'on en a retirés et qui sont déposés dans les caisses de l'Etat; car on leur imposerait ainsi *une perte réelle de plus de* 120,000 *fr.*, indépendamment de tous dommages et intérêts; perte que RIEN ne justifie et qu'on ne saurait équitablement leur faire supporter, puisqu'ils ont fait, mais en vain, tout ce que la loi Française leur permettait pour l'empêcher; conséquemment, ces résultats ruineux ne doivent être attribués qu'à la persistance

---

(*) Voici cet article :

AUCUN *bâtiment* de commerce appartenant aux sujets de l'une des hautes parties contractantes, qui sera expédié pour un Port, lequel *se trouve bloqué par l'autre*, NE POURRA *être saisi*, *capturé* ou CONDAMNÉ, si PRÉALABLEMENT *il ne lui a été fait une notification ou signification de l'existence du Blocus*, par les forces bloquantes, ou par quelques bâtiments faisant partie de l'escadre ou division du Blocus; et, pour qu'on ne puisse alléguer une prétendue ignorance du Blocus, et que le navire qui aura reçu cette intimation soit dans le cas d'être capturé s'il vient ensuite se présenter devant le Port Bloqué pendant le temps que durera le Blocus, le commandant du bâtiment de guerre qui fera la notification *devra opposer son visa sur les papiers du navire* VISITÉ, *en indiquant le jour, le lieu ou la hauteur où sera faite la signification de l'existence du Blocus; et le capitaine du navire* VISITÉ *lui donnera un reçu de cette signification contenant les mêmes déclarations par le visa.*

arbitraire et déplorable avec laquelle la loi Française a été violée à cet égard par ceux qui auraient dû être les premiers à la respecter. *Et sur ce point capital*, les Réclamants prient V. M. de leur permettre de lui représenter, à *titre de renseignement, que la jurisprudence Anglaise*, dans ces matières n'admet que l'indemnité puisse être restreinte au produit des ventes forcées, qu'*autant que* la *capture soit justifiable et que la vente ait été faite* D'UNE MANIÈRE IRRÉPROCHABLE, (*lettre du Foreign-Office du* 9 *août* 1844; *affaire de la Joséphine, Blocus de* 1840); or, ici, la capture et la vente sont ÉGALEMENT INJUSTIFIABLES!!!

En terminant cette Requête, que les exigences d'une défense consciencieuse n'ont pas permis de restreindre davantage, le Soussigné croit devoir exprimer son espoir et même sa ferme conviction *qu'aucune fin de non recevoir* ne viendra s'interposer entre la volonté, que V. M. a solennellement exprimée le 14 février dernier « d'entretenir loyalement LES RAPPORTS INTERNATIONAUX, et l'appel que les réclamants font aujourd'hui aux sentiments Augustes dont ces paroles sont empreintes..... d'ailleurs, il résulte de la Consultation de Droit que le Soussigné a l'honneur de présenter à V. M. (pièce n° 16) « *que les décisions » du Conseil-d'Etat, sur les prises Maritimes, peuvent être déférées au Souverain » et révisées par lui*; *et que le Recours pour le Fame est aussi juste que bien » justifié et qu'il doit être favorablement accueilli.* » (*)

Aucun motif d'ordre public français ne s'oppose donc à ce qu'il le soit; c'est aussi ce qu'exige l'intérêt moral et politique de la France, à l'extérieur, dans une affaire où toutes les questions particulières se trouvent dominées, et conséquemment très-simplifiées, par les déclarations UNANIMES des Gouvernements de trois des plus grandes puissances Maritimes du Monde! En effet, les actes dont les Réclamants viennent demander justice à V. M. I. se rattachent à un Blocus que le Gouvernement Français, auteur de ce même Blocus, a qualifié *d'ineffectif et d'expédient peu loyal; que le Gouvernement Anglais a représenté, d'après des informations directes et officielles, comme n'ayant pas été exécuté d'une manière loyale ni impartiale* (FAIR AND IMPARTIAL); et enfin, que le Gouvernement des Etats Unis de l'Amérique du Nord a constamment refusé de reconnaitre en affirmant : qu'*aucune Cour d'Amirauté en France*, *en An-*

(*) Quant aux *voies de réformation dans les décisions du Conseil d'Etat*, *relatives aux prises Maritimes*, ce sont celles communes à toutes les décisions du Conseil d'Etat, aux termes du Règlement du 22 juillet 1806; savoir : l'Opposition, la Requête civile, la Prise à partie, la Tierce-opposition et *la voie gracieuse* dont parle l'article 40 de ce même Règlement. (*Dalloz*, *tom. IV*, p. 59, n° 236.)

Le célèbre jurisconsulte aurait pu ajouter à cette liste le *Recours par voie diplomatique*, qui est ici le plus important au point de vue politique.

gleterre, ni aux Etats-Unis ne le tiendrait pour légal si elle était bien instruite des faits et qu'elle voulût faire une juste application des principes du Droit International !

Dans une affaire *où les* QUESTIONS FONDAMENTALES *sont posées si nettement et par de si Hautes Autorités,* l'EQUITÉ SOUVERAINE ne saurait être arrêtée dans ses inspirations, par aucune considération, surtout matérielle; car, en supposant qu'il pût s'élever des doutes sur la valeur de quelque circonstance particulière de la Cause, *il ne peut y en avoir aucun sur celle des déclarations officielles ci-dessus rappelées.*

Et puis, ainsi que je le disais dans mon Mémoire du 8 Octobre dernier, (page 6), « *dès le moment où le Gouvernement de S. M. Britannique* intervient dans cette affaire, de quelque manière que ce soit, elle prend le caractère qui se trouve si bien exprimé DANS LA DÉCLARATION DE PRINCIPES » *faite au nom du Gouvernement* FRANÇAIS dans l'exposé des motifs de la « Loi du 28 Ventose an 8.

PAR TOUS CES MOTIFS, aussi *justes que puisssants, les Réclamants* osent espérer que V. M. I. *daignera accueillir favorablement leur requête, sur laquelle Sa haute et bienveillante attention, est également appelée par le Gouvernement de Sa Majesté Britannique.*

Le soussigné, a l'honneur d'être, etc., etc.

A.-G. BELLEMARE,

La Chartreuse, 13 novembre 1853.

NOTE.

RECTIFICATION IMPORTANTE.

Dans mon dernier travail, faisant suite au *Mémoire en Recours*, présenté le 28 mai dernier, j'ai cité une lettre écrite le 29 février 1849 aux Réclamants, par ordre de lord Palmerston. Comme je tiens à ce que l'exactitude la plus scrupuleuse caractérise toutes mes citations, je m'empresse de rectifier et de compléter ici celle de cette lettre, qui est d'une grande importance, en ce qu'elle contient l'expression *officielle* de la pensée du Gouvernement Anglais sur la prise du *Fame* et sur le blocus.

Et d'abord, *elle est du* 26 ET NON *du* 29 *février* 1849; et elle émane du Chargé d'Affaires de Sa Majesté Britannique à Montevideo, qui l'écrit spécialement par ordre de lord Palmerston; elle commence ainsi :

I am directed by lord Palmerston to inform you, etc., etc.	Lord Palmerston me charge de vous informer, etc., etc.

Et après avoir dit : que le *Fame* NE POUVAIT ÊTRE JUSTEMENT CONDAMNÉ, COMME DE BONNE PRISE, QU'AUTANT QUE LE BLOCUS AURAIT ÉTÉ FAIT D'UNE MANIÈRE LOYALE (*Sic* : *fair*) ET IMPARTIALE, on ajoute :

Texte Anglais.	Traduction Littérale.
....	....
.... As to the partiality and laxity on which that blockade was conducted, Her Majesty's Government are of opinion that enough has been stated in M. Consul's Hood's despatches of the 14th March and 10th April last to justify a representation to the French Government on behalf of the British owners of the *Fame* and of her Cargo and it is therefore the intention of Viscount Palmerston to send the requisite instructions on the subject to Her Majesty's Ambassador at Paris.	.... Et, quant à la *partialité* et au *relâchement* avec lesquels ce blocus a été fait, l'opinion du Gouvernement de Sa Majesté *est que Monsieur le Consul Hood* EN DIT ASSEZ dans ses dépêches du 14 mars et du 10 avril derniers pour justifier des représentations au Gouvernement Français, en faveur des propriétaires Anglais du *Fame* et de son chargement. En conséquence, le vicomte Palmerston a l'intention de donner, à ce sujet, les instructions nécessaires à l'Ambassadeur de Sa Majesté à Paris.
In the meantime it will be the duty of the parties interested in this vessel to carry the case by appeal before the superior prize Court in France and to support their appeal by the requisite proofs.	En attendant, il est du devoir des parties intéressées de se pourvoir devant le Tribunal Supérieur des Prises à Paris (*le Conseil d'Etat*) et de produire à l'appui toutes les preuves nécessaires.

Il résulte évidemment de cette lettre que déjà en 1848, le relâchement du Blocus et tous les vices de son exécution, qui entachaient ses effets de nullité radicale, avaient été signalés au Gouvernement de S. M. B., non seulement par des Réclamants Anglais, mais encore et avant tout par ses Agents Diplomatiques dans la Plata; et il en résulte aussi que, déjà à cette époque, le Gouvernement Anglais se considérait comme suffisamment informé à cet égard pour adresser des représentations au Gouvernement Français, tout en recommandant aux Réclamants de se pourvoir devant le tribunal supérieur (*ici le Conseil d'Etat*); recommandation qui était un véritable hommage rendu à la justice du pays, par un Gouvernement étranger.

Je suis en mesure de pouvoir affirmer que des représentations ont été faites à cette époque, et qu'on y a *officieusement* répondu : qu'*on pouvait être tranquille*, *que cela irait tout seul* (*sic*) : Je dis : *officieusement*, car, dans l'état où se trouvaient alors ces affaires, c'est-à-dire, tandis que le Conseil d'Etat en était saisi, le Ministère des Affaires Etrangères, même, ne pouvait pas exprimer son opinion *intime*, *consciencieuse*, à leur égard, d'une autre manière; *lui*, *aussi*, comptait tellement sur une décision favorable, qu'il disait au premier Secrétaire de l'Ambassade de S. M. B. : QUE CES AFFAIRES IRAIENT TOUTES SEULES ET QU'ON POUVAIT ÊTRE TRANQUILLE.

Or, nous savons où elles ont été!.......

Mon insistance sur tous ces points a pour but de bien établir deux choses importantes : la première, c'est que l'opinion du Gouvernement de S. M. B., fondée, dès le principe, sur des Rapports officiels, *a toujours été que le blocus en question manquait absolument de tout ce qui pouvait en légitimer les effets*; et la seconde : *c'est que telle était aussi l'opinion du Ministère des Affaires Etrangères.*

SOMMAIRE

DES PIÈCES JOINTES A LA REQUÊTE.

Nos 1, 2 3. — *Lettres des Réclamants*, sujets de Sa Majesté Britannique, à Son Excellence Monsieur le Ministre des Affaires Etrangères, à Londres.

Des copies originales, — puisqu'elles émanent des Réclamants, sont entre mes mains.

N° 4. — *Lettre écrite par ordre de Son Excellence M. le Président du Conseil d'Etat*, pour demander des *conclusions*.

N° 5. — *Procuration*, — pièce *originale* et authentique.

N° 6. — *Première Requête* — égarée dans les bureaux, — présentée manuscrite et régulière, signée par moi, et envoyée à Son Excellence M. le Ministre d'Etat, le 28 mars 1853.

Voir la lettre à la page 12 du Mémoire additionnel, du 8 octobre 1853.

N° 7. — *Police d'Assurances.*

N° 8. *Compte de fret avec certificat à l'appui.*

N° 9. — *Aperçu des frais.*

N° 10. — *Extrait de la Facture.*

N° 11. — *Evaluations* du chargement à Liverpool.

N° 12. — *Instructions* (dernières) des Réclamants.

N° 13. — *Pièce Diplomatique importante.* — Consécration de la nécessité de l'avertissement préalable pour qu'une prise puisse être considérée comme valable.

N° 14. — *Preuves authentiques de l'offre* faite par le Capitaine et les Réclamants *de donner caution* valable pour obvier à la vente forcée; ces pièces se trouvent traduites, savoir : Nos 1 et 2, page 100 du premier Mémoire, et 3 et 3 bis à la page du deuxième Mémoire.

N° 4. — *Protet du Capitaine du* Fame *contre la vente.* — *Pièce originale authentique*, traduite à la page 105 du premier Mémoire.

N° 15. — *Preuves authentiques et notoires, de l'illégalité de la composition de la commission qui a jugé le* Fame.

N° 16. — *Numéro du* Moniteur Universel *du 13 juillet* 1848.

N° 17. — *Consultation de Droit.*

N° 18. — *Note additionnelle.* — *Renseignements et discussion.* — *Question de l'Indemnité.*

ANNEXE A LA REQUÊTE.

QUESTION DE L'INDEMNITÉ.

Au point où en est l'affaire du *Fame*, toutes les questions qui se rattachent à la capture, au jugement et à la condamnation de ce navire sont, on peut l'affirmer, entièrement résolues dans la conscience publique; car, l'illégalité de ces actes et les vices nombreux et essentiels du blocus, ne font plus de doute pour personne; *et chacun comprend la nécessité d'une réparation.*

Mais, en quoi consistera cette réparation? sera-t-elle *pleine et entière*, ainsi que le veulent *l'Equité*, *les Traités et les Précédents* dans lesquels se trouvent consacrés les Principes les plus importants du Droit des Gens Universel, ou sera-t-elle restreinte au produit de la vente forcée, ainsi que semble l'indiquer la Jurisprudence du Conseil d'Etat, quoiqu'ici cette vente ait été consommée de la manière la plus arbitraire et la plus illégale, et qu'elle ait produit des résultats ruineux pour tous?

Telle est la question prédominante dans l'état actuel de l'affaire, question toujours délicate puisqu'elle est d'*Equité Internationale*; question à laquelle les circonstances présentes de l'Europe donnent une importance incontestable.

C'est ce que j'espère démontrer dans ce qui va suivre, et que j'annexe respectueusement à ma dernière *Requête à Sa Majesté l'Empereur*, *à titre de renseignement* en ce qui touche la restitution de la VALEUR RÉELLE de la Prise, *indépendamment de tous dommages-intérêts.*

Et d'abord, en ce qui concerne la Jurisprudence du Conseil d'Etat, je ferai remarquer que s'il est vrai que dans ces derniers temps on se soit borné à rendre, pour les prises invalidées, seulement le montant des ventes forcées, il n'en est pas moins vrai que le Conseil Supérieur des Prises, auquel le Conseil d'Etat a succédé, a rarement restreint la restitution dans de si étroites limites; car, le moindre doute en faveur des Réclamants suffisait pour leur faire accorder une indemnité pleine et entière; je pourrais, à l'appui de cette assertion, citer de nombreux exemples d'Equité que le Conseil Supérieur des Prises nous a légués, et qui sont d'autant plus obligatoires, que c'est constamment sur les conclusions du Ministère public que Justice pleine et entière a été faite; je me bornerai à rappeler ici un remarquable passage de celles de Monsieur de Portalis, qui ont servi de base à une décision du 9 Prairial an VIII, dans l'affaire du navire Nord-Américain le *Pegou*; car, elles contiennent une déclaration de

Principes auxquels le temps ne peut rien changer, et qui ont été appliqués, aussi souvent que possible, par le Conseil Supérieur des Prises :

« L'objet des dommages intérêts est la réparation du dommage souffert et » du gain cessant. L'adjudication des dommages-intérêts est fondée sur ce que » chacun doit réparer le tort qu'il a fait à autrui. Ainsi, il est dû des dom» mages-intérêts en matière de prises, toutes les fois, qu'indépendamment de » l'action en restitution ou en rétablissement de ce qui a été pris, on peut » encore demander à être indemnisé de ce qu'on a souffert par le mal qui » est résulté de certaines vexations dont on peut se plaindre ou de l'état de » séquestration d'une propriété qui aurait toujours dû être libre.

» *En général, on est tenu par la Loi naturelle et par la Loi civile de réparer* » *le dommage dont on est cause. Le prétexte même de l'erreur ne peut dis-* » *penser personne de cette réparation; car, un autre ne doit point souffrir* » *de ce que nous errons. Chacun doit porter le poids de sa propre destinée* » *sans être reçu à la rejeter sur autrui. Il n'y a point à balancer entre celui* » *qui se trompe et celui qui souffre. Mais, si ce dernier s'est exposé par sa* » *faute aux inconvénients ou aux dangers dont il se plaint, l'action en dom-* » *mages et intérêts cesse, parce qu'alors il ne peut s'imputer qu'à lui-même le* » *mal qui tombe sur lui*...

» *Mais, quand l'injustice des capteurs ne peut être excusée, les capturés ont* » *incontestablement droit à une adjudication de dommages et intérêts.* » (*)

(*) Voici quelques autres passages de cet admirable Rapport qui restera toujours comme un monument de sagesse et comme un modèle d'équité :

« Le navire Nord-Américain *Le Pegou*, ayant été pris *par deux frégates de la République*, » les propriétaires de ce navire, *n'ont d'autre contradicteur que moi, puisqu'ils n'ont d'autre* » *partie que le Gouvernement;* (c'est aussi par un navire de l'Etat que la *Fame* a été pris.)

» LA JUSTICE EST LA PREMIÈRE DETTE DE LA SOUVERAINETÉ; en exerçant les actions du Gou» vernement, je n'oublierai donc pas que mon premier devoir, dans toutes les discussions, » est de chercher le vrai; *et que*, PAR MON MANDAT, *je ne dois être* QUE JUSTE.

....

» Le grand principe est donc de se déterminer par la vérité des choses.

....

» On doit mettre à l'écart toutes les épines et *toutes les subtilités du droit*; et, suivant » l'expression énergique d'une ancienne ordonnance, (ordonnance du 7 décembre **1400**, » sur le fait de l'Amirauté) : «il faut procéder par une mûre et bonne délibération, ET Y » REGARDER PAR LA CONSCIENCE. » A quoi serviraient les déclarations, les interroga» toires, les informations qui ont lieu dans les premiers moments où une prise est amenée, » si tout se réduisait à l'examen matériel des pièces; si le devoir du Juge n'était pas D'AP» PROFONDIR les objets; et si les parties n'avaient pas le droit d'expliquer, par leurs décla-

Cette citation n'a pas besoin de commentaires, et elle est ici d'une juste application, surtout en ce qui concerne la restitution de la valeur réelle et entière de la prise, indépendamment de tous dommages et intérêts, à l'égard desquels les réclamants s'en remettent à la haute Equité de Sa Majesté l'Empereur; en effet, *ce n'est point par leur faute* que les Capturés se sont trouvés exposés aux inconvénients et aux dangers dont ils se plaignent aujourd'hui; ils n'ont point *commis d'imprudence*; ils n'ont négligé *aucune forme*; mais bien les bloqueurs, qui avaient sacrifié depuis longtemps *et la forme et le fonds* à l'intérêt que nous savons; et ce n'est certes pas la bonne foi des capturés qui peut être mise ici en suspicion; — En effet, ainsi que je l'ai dit dans le premier Mémoire en Recours (pages 27 et suivantes). « En agissant ainsi, le *Fame* » n'a fait autre chose que suivre les précédents dont la croisière Française » avait encouragé l'établissement dans le but que j'ai rappelé. Et l'on sait » si ces précédents étaient nombreux! On les comptait déjà par milliers! » — Et il ne saurait résulter de l'examen le plus minutieux de leur conduite, qu'ils aient mérité, devant l'Equité ni devant le Droit des Gens, le traitement qu'on leur a fait subir.

L'injustice des Capteurs est donc inexcusable; et d'après la jurisprudence du Conseil Supérieur des Prises, les Capturés auraient droit, même à une adjudication de dommages-intérêts, et à plus forte raison à la restitution de la valeur réelle et entière de la prise; car, indépendamment de l'action en restitution, ils ont à se plaindre de la séquestration, de la vente forcée de leurs propriétés, qui auraient dû leur être remises aux termes de l'article 81 du Règlement du 2 Prairial an XI.

Pourquoi n'en serait-il pas ainsi aujourd'hui? La jurisprudence du Conseil d'Etat serait-elle *réellement* moins large que celle du Conseil des Prises?

» rations et par leurs réponses, les faits qui peuvent être obscurs, ou *de suppléer, par une* » *justification détaillée*, aux pièces qu'elles ont été dans l'impossibilité de rapporter, ou » dont l'omission n'est que l'effet de circonstances plus ou moins impérieuses? »

Voici une autre citation également importante :

« Lorsque la prise est déclarée nulle, le capteur est tenu à des dommages-intérêts envers » le capturé. (Voir la décision du Conseil des Prises, 9 Prairial an VIII), *et cette obli-* » *gation* des Corsaires *est commune aux vaisseaux de l'Etat;* ces dommages seraient en- » courus lors même qu'il n'y aurait pas eu de mauvaise foi de la part du capteur. Il » est responsable de son erreur. *Sa bonne foi* ne peut que déterminer le juge à réduire » le quantum de la condamnation. »

(*Dalloz*, *tom. IV*, *pag.* 57, *paragraphe* 5, n° 158.)

Qu'il me soit permis d'examiner cette question, importante à tant d'égards; il en résultera que la Jurisprudence du Conseil d'Etat, sainement et loyalement interprétée, ne peut pas être invoquée contre les Réclamants.

Et d'abord, il faut bien reconnaître qu'on a un peu perdu de vue, depuis 40 ans, cette Jurisprudence toute spéciale et si profondément empreinte d'équité, de générosité au milieu même des passions et des rigueurs de la guerre générale qui régnait à cette époque dans toute l'Europe; et depuis lors, ce n'est que sur des Prises, faites à l'occasion de quelques blocus Maritimes, institués le plus souvent *en dehors d'un état de guerre rigoureux et en forme*, que le Conseil d'Etat a eu à se prononcer. (Lettre du Ministre des Affaires Etrangères, citée à la page 133 du premier Mémoire); cependant, en ce qui touche l'indemnité, il parait avoir été moins large en temps de paix que ne l'était le Conseil des Prises en temps de guerre générale. Je m'empresse de dire que cette différence, qui semble être une anomalie, repose sur une *raison légale;* mais pour bien la comprendre, il est indispensable de remonter jusqu'à la pensée qui a présidé à la confection des articles 80 et 81 du Règlement du 2 Prairial an XI. C'est ce que je vais essayer de faire; voici d'abord ces articles:

Art. 80. « *Si la prise a été faite* SOUS PAVILLON NEUTRE, ou n'est pas évidem» ment ennemie, la vente, MÊME PROVISOIRE, ne pourra avoir lieu *sans le » consentement du Capitaine* capturé; et, en cas de refus, *s'il y a nécessité de » vendre*, cette nécessité sera constatée par une visite d'experts nommés con» tradictoirement par l'armateur, ou son représentant, et ce même Capitaine, ou » d'office, par l'Officier supérieur de l'administration de la marine.

» Art. 81. S'il se présente des réclamants, *les effets, par eux réclamés, pour» ront leur être livrés* par l'officier d'administration, suivant l'estimation qui » en sera faite à dire d'experts, pourvu que lesdites réclamations soient fondées » en titre, et à la charge par celui qui les aura faites, de donner bonne » et suffisante caution; faute de quoi, il sera passé outre. »

Il est évident que la pensée du Législateur a été de concilier, au milieu d'exigences impérieuses et de circonstances toujours difficiles, des intérêts fort respectables, et qu'on ne saurait sacrifier les uns aux autres, sans blesser profondément la conscience et l'équité.

En effet, quand une capture comme celle du *Fame* est faite, deux adversaires se trouvent en présence devant la justice administrative, savoir : l'Etat, *Juge dans sa propre cause*; et les capturés, protégés qu'ils doivent être par le Droit International. Cependant, ces adversaires ont un intérêt commun : celui de conserver à la prise, toute sa valeur, jusqu'au jour du jugement définitif; mais, la nature périssable de certaines cargaisons, et même celle des navires, permettrait difficilement d'attendre si long-temps; car, il s'écoule ordinairement 18 mois à 2 ans, avant que le Conseil d'État ne prononce. — Dans l'affaire du *Fame*, il s'est écoulé 28 mois!

Dans cette situation, il faudrait donc se résoudre à voir dépérir les propriétés capturées, ou bien à les vendre considérablement au dessous de leur valeur; car, tel est le résultat constant et inévitable de la vente de propriétés capturées, puisqu'elle se fait forcément et aux enchères; circonstances dont les acheteurs se prévalent toujours.

Tous les intérêts se trouveraient donc compromis; car, si la prise était définitivement invalidée, l'État ne rendrait aux capturés que beaucoup moins que ce qu'on leur aurait pris, et leur infligerait ainsi une perte injustifiable, qui leur donnerait naturellement droit à des dommages et intérêts; tandis que, dans le cas contraire, le Trésor se trouverait sensiblement lésé de tout ce que lui ferait perdre le dépérissement ou la vente forcée.

C'est précisément ce que le Législateur a voulu éviter par les articles 80 et 81 du Règlement ci-dessus cité. Ainsi, dans le premier, il a prescrit les moyens de sauvegarder les droits rigoureux des parties intéressées; savoir: ceux des capturés, par la *défense* expresse de procéder à la vente de leurs propriétés sans le consentement du Capitaine; — ceux des capteurs, par l'autorisation d'y procéder, en cas de refus de la part de ce Capitaine, mais, seulement après l'expertise préalable pour ce prescrite.

Le Législateur a fait encore plus dans l'article 81; car, en autorisant la remise sous caution valable, des propriétés capturées, il a donné le moyen le plus efficace d'empêcher qu'aucune des parties intéressées ne fût lésée par le délai; puisque le gagnant est envoyé en possession de la somme cautionnée ou déposée qui représente la valeur entière de la prise, d'après l'estimation préalable qui en a été faite, à dire d'experts, immédiatement après la Capture.

L'observation religieuse de ces articles doit donc être une des bases principales de toute Jurisprudence dans ces matières; car, le Législateur y a prescrit les moyens les plus équitables de sauvegarder tous les droits, de concilier tous les intérêts, et de prévenir ainsi les maux individuels et publics qui pourraient résulter d'une fausse application des principes du Droit des Gens et d'aucune violation de la Loi Française envers des Etrangers; puisque, dans ce cas, ceux-ci sont toujours fondés à faire appuyer leurs réclamations par le Gouvernement de leur Pays; et alors peuvent surgir de regrettables discussions et même des difficultés diplomatiques.

On doit donc tenir pour certain que lorsque le Conseil d'Etat restreint la restitution au produit de la vente forcée, *sans motiver cette restriction, il suppose toujours qu'elle a été faite de la manière prescrite par la Loi;* mais s'il en est autrement; si cette vente a été faite contrairement aux prescriptions de cette Loi; si, comme dans l'espèce, on y a procédé *malgré* les protestations du Capitaine et sans l'expertise préalable; et si, par aggravation, on a repoussé, par un silence absolu et systématique, la demande des Réclamants et leur offre de donner caution valable, même celle de déposer, en espèces métalliques, la valeur entière des propriétés, pour en obtenir la remise, quoique cette offre ait été transmise à l'autorité compétente par le Consul Général de Sa Majesté Britannique à Montévidéo; si, enfin, on a vendu, ainsi, arbitrairement, forcément ces propriétés pour plus de *Cent Vingt Mille francs* de moins qu'elles ne valaient; de quelle manière justifiable et consciencieuse pourrait-on, aujourd'hui, faire supporter cette perte à ceux là-même qui ont fait pour l'éviter, tout ce que la Loi Française leur permettait de faire, et tout ce qu'elle commandait à l'Autorité Française d'accomplir? Ce ne sera certes pas la Jurisprudence du Conseil d'Etat qu'on invoquera contre les Réclamants; car, d'après ce qui précède, il est évident qu'elle repose *précisément* sur le respect des Lois tutélaires que j'invoque ET QUE LE CONSEIL CITE DANS CHACUNE DE SES DÉCISIONS, COMME IL L'A FAIT DANS CELLE DU FAME. Un mot de plus serait ici un mot de trop. En effet, cette question est du nombre de celles qu'il suffit de poser pour qu'elles se trouvent immédiatement résolues dans la conscience de chacun; car, elle se réduit aux termes fort simples que voici :

« *La perte qu'on ferait éprouver aux Réclamants, en ne leur rendant que le* » *produit de la vente forcée, est incontestablement le fait de l'Autorité Française* » *à Montévidéo, qui n'a pas observé la Loi Française quand elle pouvait,* » *quand elle devait le faire, et surtout quand on lui demandait légalement de* » *le faire* » en un mot, cette perte de plus de Cent Vingt Mille francs, *en capital*, indépendamment de tous dommages et intérêts, provient uniquement et évidemment *d'une violation de la Loi Française* commise par les Représentants du Gouvernement Français *à Montévidéo*; C'EST LA LE POINT CAPITAL de cette partie de la question; *car, s'ils eussent agi autrement, ces 120,000 francs se trouveraient aujourd'hui dans les caisses de l'Etat!*

Au commencement de cette note, j'ai dit que d'après les Traités et les Précédents Diplomatiques, l'indemnité devait être pleine et entière; j'ai dit que dans les circonstances actuelles de l'Europe, la question d'équité qui se pose ici, était grave et importante.

Pour justifier cette assertion, il suffit de faire remarquer que les Principes invoqués par les propriétaires du *Fame*, sont précisément les mêmes que ceux qui se trouvent énoncés dans la DÉCLARATION DE SA MAJESTÉ L'IMPÉRATRICE DE TOUTES LES RUSSIES; (du 28 février 1780, annexe n° 1.) Déclaration restée à jamais célèbre, non seulement par la grandeur des maximes et des idées qui y sont professées, mais encore par l'UNANIMITÉ avec laquelle les *principales Puissances Maritimes de l'Europe y ont* adhéré en en reproduisant *exactement* les points principaux dans les Traités qu'elles ont faits entr'elles depuis le commencement du siècle. Pour s'en convaincre, il suffit de jeter les yeux sur la Convention Maritime entre LA RUSSIE ET LA GRANDE-BRETAGNE, signée à Saint-Pétersbourg, le 17 juin 1801; et sur l'article Additionnel signé à Moscou le 20 Octobre de la même année (Annexe n° 2), et de se rappeler que la Suède et le Dannemark y ont adhéré le 30 mars 1802 et l'Autriche, par déclaration formelle du 7 août 1803; et, quant à la France, on sait qu'elle a fait consacrer les mêmes principes, surtout en ce qui concerne *la réalité obligatoire des blocus*, dans tous les Traités qu'elle a négociés depuis 50 ans, avec diverses Puissances Maritimes du Globe; notamment dans celui du 1.er septembre 1800 avec les Etats-Unis de l'Amérique du Nord, et surtout dans la Convention du 21 août 1828 avec le Brésil, puisqu'il s'y agit d'indemnités exigées et accordées pour la violation de ces principes.

Ces citations donnent à la réclamation des propriétaires du *Fame* un intérêt d'actualité que personne ne peut méconnaître; car, c'est celui qu'il y a, aujourd'hui surtout, à maintenir fermement et à faire respecter les Principes les plus essentiels du Droit International dans tout ce qui se rattache aux guerres Maritimes; principes, qui ont été violés dans toute cette affaire de la manière la plus évidente comme la plus persistante, quoique leur mise en pratique ait été si souvent l'objet de Déclarations solennelles et de Traités qui ne perdront jamais leur autorité, *quelque reculée que soit leur date*, quelles que soient les combinaisons politiques au milieu desquelles ils se sont produits, — quelles que soient les *volontés de circonstances* qui aient présidé *à leur négociation.*

On ne voudra certes pas délier de leur fidèle observation, par la sanction d'actes qui en sont la négation la plus formelle, le Gouvernement de la Nation au nom de laquelle ils ont été professés d'une manière si solennelle; et qui, autrement, ne pourrait les oublier qu'en foulant aux pieds le titre le plus solide de la gloire d'un de ses plus grands souverains.

On ne doit donc pas douter que ces Principes, dont la remise en honneur et le maintien sont aujourd'hui plus nécessaires que jamais, ne reçoivent bientôt une nouvelle et éclatante consécration dans la décision à intervenir; décision par laquelle Sa Majesté l'Empereur Napoléon III voudra donner un nouveau gage de la noble et ferme résolution qu'il a exprimée DE MAINTENIR LOYALEMENT LES RAPPORTS INTERNATIONAUX !

Cette Décision sera considérée comme un acte de Justice et de fermeté, plus indispensable dans les circonstances actuelles que dans toute autre ; et elle sera saluée comme telle par le Commerce en général, et surtout par celui de la Grande-Bretagne, parmi lequel des inquiétudes relatives au sort de ses bâtiments commencent déjà de se répandre, ainsi qu'on peut le voir par la lettre suivante :

« Foreign-office, 22 Octobre 1853.

« Monsieur,

« Lord Clarendon me charge de vous accuser réception de votre lettre du 21 courant, dans laquelle, au nom de la société des armateurs du North-Shields, vous appelez l'attention de Sa Seigneurie sur les navires anglais dans la Baltique et dans la mer Noire, et vous demandez si, en cas de déclaration de guerre, les navires anglais pourraient être prévenus à temps pour éviter d'être capturés ; et aussi, si lord Clarendon croit les affaires arrivées à un tel point, que les soussignés ne doivent plus fréter leurs navires pour les ports russes.

« Je suis chargé de vous répondre qu'il n'existe dans les traités entre l'Angleterre et la Russie aucune stipulation qui oblige l'un ou l'autre gouvernement à la notification dont vous parlez. Quant aux questions générales, il est impossible au gouvernement de S. M. d'y répondre, parce qu'elles se rapportent à un avenir qui dépend en grande partie de ce que fera un autre gouvernement. Le gouvernement de Sa Majesté ne négligera rien de ce qui peut contribuer à la sécurité du commerce anglais. Quand à la question que vous faites aussi sur la part attribuée aux équipages des vaisseaux de Sa Majesté dans la valeur des navires qu'ils reprennent à l'ennemi, c'est une grave question légale sur laquelle Sa Seigneurie ne croit pas pouvoir exprimer son opinion. (*)

« Je suis, etc. H. A. ADDINGTON. »

La justesse de tout ce qui se trouve exposé dans cette réponse est évidente ; mais, après lui avoir rendu cet hommage, je demande la permission de faire observer qu'il existe, même POUR L'ÉTAT DE GUERRE, des Règles dont l'observation est *tellement obligatoire* pour les Gouvernements *des Nations civilisées*, qu'aucun d'eux ne peut s'en affranchir sans déchoir du rang qu'il occupe dans l'estime du Monde ; car ces Règles sont celles du Droit Naturel et de la Justice Universelle ; *elles sont consignées dans le Droit primitif des Peuples* et se trouvent énoncées dans les Traités les plus estimés du Droit des Gens et dans des *documents* qui appartiennent à l'Histoire, surtout à celle de la *Civilisation* moderne.

On ne doit pas considérer ce que je viens de dire comme n'étant que de

(*) La Jurisprudence du Conseil Supérieur des Prises ne laisse rien à désirer à cet égard.

brillantes généralités (*); car, s'il est vrai que ces Maximes et ces Règles puissent être oubliées — violées même, par les Belligérants, — il n'en est pas moins certain *qu'à la paix* elles reprennent tout leur empire, et que satisfaction leur est toujours donnée dans les Traités. A l'appui de cette assertion, il suffit de rappeler quelques-unes de ces Règles et de montrer quelle pourrait être leur application pratique; ainsi, les Publicistes de tous les Pays s'accordent à poser en principe :

1.° *Que la Justice d'une guerre peut* SEULE *en légitimer l'existence et les effets*,

Il suit de là, et c'est évidemment un principe de Droit naturel, que la Puissance belligérante qui aurait entrepris une guerre *évidemment injuste*, et reconnue pour telle par la Majorité des Nations du Globe, ne pourrait pas, après la cessation de cette guerre, conserver les conquêtes qu'elle aurait faites *sur terre ni sur Mer*; elle serait donc contrainte dans les Traités de paix, à rendre *et les territoires dont elle se serait emparée, et les Prises qu'elle aurait faites sur Mer.*

» 2.° *Que tout blocus doit être réel pour être obligatoire et pour qu'on puisse » appliquer* LÉGITIMEMENT *la peine de la confiscation aux navires infracteurs.*

Rien n'est plus important, dans les circonstances actuelles, que le maintien de cette règle que la Russie a été la première à poser d'une manière si solennelle et si précise; car, cette Puissance pourrait profiter de sa mise à néant, par *le fait d'un autre Gouvernement*, pour bloquer FICTIVEMENT, en cas de guerre tous les ports de France et d'Angleterre; tandis que ses flottes, enfermées dans la Mer Noire et dans la Baltique, ne pourraient pas le faire effectivement; il suffirait alors du moindre bâtiment de guerre Russe, qui parvînt à s'échapper, pour prendre nos bâtiments, au sortir de nos ports, non pas légitimement devant le Droit International, mais bien en vertu des précédents que nous savons, et *pour donner à un tel blocus, une apparence de vérité*, ainsi que le disait l'honorable M. de Pascalis, premier défenseur du *Fame*, devant le Conseil d'Etat, en parlant de notre dernier Blocus de Buenos-Ayres. « *Il y a*, ajoutait-il, IL Y A DANS CETTE » AFFAIRE DU *Fame* UN INTÉRÊT GRAND ET VRAIMENT NATIONAL; IL NE FAUT PAS » QUE LA FRANCE CRÉE DES PRÉCÉDENTS DONT ON POURRAIT, PLUS TARD, SE » PRÉVALOIR CONTRE ELLE. »

Il suffit de faire ressortir l'importance morale et politique de cet intérêt pour être certain qu'il n'existe aucune considération à laquelle il puisse être raisonnablement sacrifié.

Chartreuse, 21 Novembre 1853.

A.-G. BELLEMARE.

(*) Expression dont s'est servi M. Dupin aîné, devant la Cour de Cassation, — en juillet 1848 — dans une question où les principes du Droit international devaient être consultés.

DÉCLARATION DE PRINCIPES.

DE SA MAJESTÉ L'IMPÉRATRICE DE TOUTES LES RUSSIES,

Datée du 28 Février 1780.

L'Impératrice du toutes les Russies a si bien manifesté les sentiments de JUSTICE, D'ÉQUITÉ et de *modération* qui l'animent, et a donné des preuves si évidentes, *pendant le cours de la guerre qu'elle avait à soutenir contre la Porte-Ottomane*, des égards qu'elle a pour les droits de la neutralité et de la liberté du Commerce général, qu'elle peut s'en rapporter au témoignage de toute l'Europe; cette conduite, ainsi que les principes d'impartialité qu'elle a déployés pendant la guerre actuelle, ont dû lui inspirer la juste confiance que ses sujets jouiraient paisiblement des fruits de leur industrie et des avantages appartenant à toute Nation neutre. L'expérience a cependant prouvé le contraire; ni ces considérations-là, *ni les égards dûs à ce que prescrit le Droit des Gens Universel*, n'ont pu empêcher que les sujets de Sa Majesté Impériale n'aient été souvent molestés dans leur navigation et arrêtés dans leurs opérations par celles des Puissances belligérantes; ces entraves mises à la liberté du Commerce en général, et de celui de la Russie en particulier, sont de nature à exciter l'attention des Souverains et de toutes les Nations neutres.

L'Impératrice voit résulter pour elle l'obligation de l'en affranchir par tous les moyens compatibles avec la dignité et avec le bien être de ses sujets; mais, avant d'en venir à l'effet, et dans l'intention sincère de prévenir de nouvelles atteintes, elle a cru être de la justice d'exposer aux yeux de l'Europe les principes qu'elle va suivre et qui sont propres à lever tout mal entendu et ce qui pourrait y donner lieu. *Elle le fait avec d'autant plus de confiance qu'elle trouve consignés ces principes dans le droit primitif des peuples, que toute Nation est fondée à réclamer et que les puissances belligérantes ne sauraient les invalider sans violer les lois de la neutralité et sans désavouer les maximes qu'elles ont adoptées nommément dans différents traités et engagements publics. Ils se réduisent aux points qui suivent :*

1° Que les vaisseaux neutres puissent naviguer librement de port en port et sur les côtes des nations en guerre.

2° Que les effets appartenant aux sujets desdites puissances en guerre soient libres sur les vaisseaux neutres, à l'exception des marchandises de contrebande.

3° Que l'Impératrice se tient, quand à la fixation de celle-ci, à ce qui est énoncé dans les articles 10 et 11 de son Traité de Commerce avec la Grande Bretagne, en étendant ces obligations à toutes les puissances en guerre.

Que pour déterminer ce qui caractérise un port bloqué, on n'accorde cette dénomination qu'à celui ou il y a, par la disposition de la Puissance qui l'attaque avec des vaisseaux arrêtés et suffisamment proches, un danger évident d'entrer.

Que ces principes servent de règle dans les procédures et les jugements sur la légalité des Prises.

S. M. Impériale les manifestant, ne balance point de déclarer que pour les maintenir, et afin de protéger l'honneur de son pavillon, la sûreté du commerce et de la navigation de ses sujets contre qui ce soit, elle fait appareiller une partie considérable de ses forces maritimes. Cette mesure n'influera cependant d'aucune manière sur la stricte et rigoureuse neutralité qu'elle a *saintement* observée et qu'elle observera tant qu'elle ne sera pas provoquée et forcée de sortir des bornes de modération et d'impartialité parfaite. Ce n'est que dans cette extrémité que sa flotte aura ordre de se porter partout où l'honneur, l'intérêt et le besoin l'appelleront.

En donnant cette assurance formelle avec la franchise propre à son caractère, l'Impératrice ne peut que se promettre que les PUISSANCES BELLIGÉRANTES *pénétrées des sentiments de justice et d'équité* dont elle est animée, *contribueront à l'accomplissement de ces vues salutaires, qui tendent si manifestement à l'utilité de toutes les Nations, et à l'avantage* MÊME DE CELLES EN GUERRE; qu'en conséquence elles muniront leurs amirautés et officiers commandans, d'instructions analogues et conformes AUX PRINCIPES CI-DESSUS ÉNONCÉS, PUISÉS DANS LE CODE PRIMITIF DES PEUPLES ET ADOPTÉS SI SOUVENT DANS LEURS CONVENTIONS.

Annexes.

N.° 2.

Extraits de la Convention Maritime entre LA RUSSIE ET LA GRANDE-BRETAGNE, *signée à Saint-Pétersbourg, le 5—17 juin 1801.*

ARTICLE 3. . . . .

§ 4. — Que pour déterminer ce qui caractérise un port bloqué, on n'accorde cette dénomination qu'à celui où il y a, par la disposition de la puissance qui l'attaque avec des vaisseaux arrêtés ou suffisamment proches, un danger évident d'entrer.

§ 5. — Que les vaisseaux de la puissance neutre ne peuvent être arrêtés que sur de justes causes et faits évidents qu'ils soient jugés sans retard, et que la procédure soit toujours uniforme, prompte et légale.

ART. 6. — Les Hautes parties contractantes donneront des ordres précis et efficaces pour que les sentences sur les prises faites en mer soient conformes aux règles de la plus exacte justice et équité; qu'elles soient rendues par des juges non-suspects et qui ne soient point intéressés dans l'affaire dont il sera question. Le gouvernement des Etats respectifs veillera à ce que les sentences soient promptement et dûment exécutées dans les formes prescrites.

En cas de détention mal fondée, ou autre contravention aux règles stipulées par le présent article, il sera accordé aux propriétaires d'un tel navire et de la cargaison des dédommagements proportionnés à la perte qu'on leur aura occasionnée. Les règles à observer pour ces dédommagements et pour le cas de détention mal fondée, de même que les principes à suivre pour accélérer les procédures, feront la matière d'articles additionnels, que les parties contractantes conviennent d'arrêter entr'elles, et qui auront même force et valeur que s'ils étaient insérés dans le présent acte.

Signés, Le Comte de PANIN, SAINT-HÉLENS (Lord).

Articles additionnels.

Comme par l'article 6 de la convention conclue le 5 — 17 Juin 1801, entre S. M. I. de toutes les Russies et S. M. Britannique, il a été stipulé que les deux hautes parties contractantes arrêteraient entre elles des articles additionnels qui fixeraient les règles et les principes à suivre, tant pour l'accélération des procédures judiciaires sur des prises faites en mer, pour que les dédommagements qui seraient dûs aux propriétaires des navires et des cargaisons neutres, dans le cas d'une détention mal fondée, leurs dites Majestés ont nommé et autorisé à cet effet S. M. L'Empereur de toutes les Russies, le S. Alexandre prince de Kourakin; et S. M. du Royaume-Uni de la Grande-Bretagne et de l'Irlande le Lord Saint-Hélèns.

Art. Ier — En cas de détention mal fondée ou autre contravention commune, il sera accordé aux propriétaires du navire ainsi détenu et de sa cargaison pour chaque jour de retard, des dédommagements proportionnels à la perte qu'ils auraient souffert en raison du fret dudit navire et de la nature de sa cargaison.

Art. 2 — *Si les Ministres de l'un des deux parties contractantes*, ou autres personnes accréditées de leur part, portaient des plaintes contre les jugements qui auraient été rendus sur lesdites prises par les Cours d'amirauté respectives, l'affaire sera évoquée, en Russie, au Sénat dirigeant, et dans la Grande-Bretagne, *au Conseil du Roi.*

Art. 3. Des deux côtés on examinera soigneusement si les règles et précautions stipulées dans la présente convention ont été observées, ce qui devra être fait avec toute la célérité possible. Les deux hautes parties contractantes s'engagent, de plus, a adopter les moyens les plus efficaces pour que les jugements de leurs différents tribunaux, sur les prises saisies en mer, ne soient sujets à aucun délai inutile.

Art. 4. *Les effets en litige ne pourront être vendus ni déchargés avant le jugement définitif, sans une nécessité réelle et pressante, qui aura été constatée devant la Cour de l'Amirauté, et moyennant une commission autorisée à cet effet*, et il ne sera point permis aux capteurs de rien retirer ou enlever, de leur propre autorité, d'un vaisseau ainsi détenu (*).

Ces articles additionnels faisant partie de la convention signée le 5 — 17 juin 1801, au nom de Leurs Majestés Impériale de toutes les Russies et Britannique, auront la même force et valeur que s'ils étaient insérés mot à mot dans ladite convention.

En foi de quoi, nous soussignés, munis de pleins-pouvoirs de Leurs dites Majestés, avons signé les présents articles additionnels, et y avons apposé le cachet de nos armes.

Fait à Moscou, le 8 — 20 octobre 1801 (**).

Signés, Prince de KOURAKIN, le Comte KOTSCOUBEY, SAINT-HÉLENS (Lord.)

(*) Cet article a une analogie frappante avec l'article 80 du Règlement du 2 Prairial an XI.

(**) J'ai dit à la page 23 en parlant de cette Convention et de ses analogues que : „« Quelque reculée que soit leur date, les principes qui s'y trouvent » consacrés, ont conservé et conserveront toujours leur autorité. » Qu'il me soit permis de citer à l'appui de cette assertion, l'extrait suivant de la réponse de Lord Palmerston, comme Ministre des Affaires Etrangères de Sa Majesté Britannique, à une interpellation de M. d'Israëli, dans la séance du 9 Août 1848, relativement au dernier blocus de certains ports de la Confédération Germanique par le Danemarck :

Texte Anglais.

Now, no one will deny the right of Denmark to impose this blockade as a measure of additional retaliation. The only functions, therefore, which British ships of war would have to perform in the Baltic and the North Sea would be to take care that the blockade was enforced in conformity with the law of nations; and we have the best assurance that the Danish Government will not do more than what the law of nations authorises, and therefore there is no necessity for the presence of any of our ships of war on that coast (HANSARD's *Parliamentary Reports, — vol. c. 3rd Series, — August 9th, page 1314*).

Traduction Littérale.

Il est évident que personne ne peut méconnaître le Droit du Danemark à établir ce blocus par voie de représailles additionnelles. — Donc, la seule chose que les navires de guerre Anglais auraient à faire dans la Baltique et dans les mers du Nord, SERAIT DE VEILLER A CE QUE CE BLOCUS FUT MIS A EXÉCUTION D'UNE MANIÈRE CONFORME AU DROIT INTERNATIONAL. — *Mais nous avons l'assurance la plus complète* QUE LE DANEMARK NE FERA QUE CE QUE LE DROIT INTERNATIONAL LUI PERMET DE FAIRE. — *Il est dès lors inutile d'envoyer aucun de nos navires de Guerre dans ces parages.*

UN DERNIER MOT.

Maintenant, ma tâche est finie; mais, je ne me dissimule pas combien son accomplissement laisse à désirer; en effet, cette cause du *Fame*, où l'intérêt matériel disparait complètement devant celui des principes qui s'y trouvent en question, et dont le maintien est aujourd'hui plus nécessaire que jamais, cette cause, dis-je, méritait, surtout dans l'état où elle se trouve, un défenseur digne de son importance morale et politique.

Comment se fait-il qu'elle ne l'ait pas et que ce soit moi, qui remplisse une tâche si au-dessus de mes forces? Je comprends la nécessité d'entrer ici dans quelques explications, non seulement à cet égard, mais encore, relativement à ma position dans cette affaire sous d'autres rapports fort essentiels; et quoique ces détails aient un caractère personnel, il m'est impossible, après certaines questions qui ont été faites sur la nature de mon intervention, de les passer sous silence, dès là surtout qu'il s'agit de préventions qui pourraient nuire à la cause dans la personne de son défenseur actuel. Je vais d'*abord et résolument à la partie la plus délicate* de la question; on a demandé à Paris, *de haut*, et à un de mes plus honorables amis, « *si cette affaire n'était pas » pour moi, un achat d'intérêts litigieux*! » Ma réponse est facile; la voici: Dans une lettre datée du 20 novembre 1852, date confirmée par les timbres de la poste, le chef de la Maison propriétaire du *Fame* me demandait de lui faire une offre pour l'achat de cette réclamation; dans ma lettre du 30 novembre suivant, qui se trouve à la page 150, du 5.e volume de mes copies de lettres (qu'on me pardonne ces détails, ils prouvent que je suis prêt à produire les preuves de leur exactitude), je repondais : « *Je suis tellement con- » vaincu de la justice de votre réclamation, que je ne pourrais pas honnête- » tement, consciencieusement, vous conseiller de vendre vos droits à qui que ce » fût, et encore moins les acheter à votre détriment.* J'AI CONFIANCE *dans la » PROBITÉ, dans la LOYAUTÉ du Gouvernement de mon pays, et c'est ce sen- » timent qui me porte à vous donner ce conseil et à agir comme je le fais* », voilà pour ma position, ici, sous le rapport matériel.

Voici maintenant de quelle manière j'y occupe cette place qu'un autre remplirait mieux que moi; car, quoi que descendant d'une famille de Magistrature, je n'ai pas suivi, je regrette de le dire, cette noble carrière du Droit qui a fourni tant et de si grandes illustrations à notre patrie; mais, voici ce qui est arrivé : j'ai habité pendant 15 ans les pays éloignés où se sont passés les évènements dont nous voyons aujourd'hui les suites déplorables; j'ai assisté, je puis le dire, à la naissance de ces évènements, et ma position me permettait d'en suivre le développement, d'une manière, j'ose le dire complète; c'est ainsi que j'ai pu me rendre compte de *l'urgente nécessité* qu'il y a, *surtout pour le Gouvernement Français*, à y donner l'exemple du respect des principes du Droit des Gens. En effet, tout le monde sait que nous avons sur les rives de la Plata, PLUS DE VINGT MILLE *de nos compatriotes* qui forment une population laborieuse, honnête et conséquemment estimée; les meilleurs rapports règnent donc entre elle et la population indigène. — Eh bien! Sait-on, à la distance où nous sommes, de quelle manière fâcheuse ces rapports sont affectés par les fautes qui peuvent être commises, au nom de la France, dans ces pays éloignés! Croit-on, qu'aucun de nos compatriotes puisse rester indifférent au blâme, pour ne pas dire plus, qu'il entendra déverser, — même au sein l'intimité — sur le Gouvernement de son pays, surtout, si par malheur, ce blâme est mérité comme, par exemple, celui qui est journellement infligé à tout ce qui se rattache à notre dernier blocus, par ceux dont on a confisqué les propriétés contre le Droit, la Raison et les Faits à l'occasion de ce blocus?

On ne se figure pas jusqu'à quel point de telles choses vicient les meilleurs rapports; c'est par expérience que j'en parle; et aucun de ceux qui ont habité l'Amérique du sud ne me contredira.

Ce sont les enseignements de cette expérience et le sentiment de la Justice de cette cause qui m'ont fait surmonter toutes mes défiances de moi-même surtout en présence de la position où les propriétaires du *Fame*, parmi lesquels je compte un ami de vingt années de date, se sont trouvés, après la confiscation définitive de leurs propriétés.

Voici quelle était cette position : Le décret du 12 juin 1850 était venu les surprendre au milieu de la quiétude et de la confiance que leur avait inspirées l'assurance donnée par le ministère des Affaires Etrangères, en réponse à certaines démarches dont il est parlé à la page 14, savoir : « QUE L'ON » POUVAIT ÊTRE TRANQUILLE, QUE CES AFFAIRES IRAIENT TOUTES SEULES. » A cette désillusion venait s'ajouter le découragement qui leur arrivait de toutes parts; car, on leur disait : « *Le mal qui vous frappe est aujourd'hui sans remède; et quel-* » *qu'évidente que soit l'injustice dont vous êtes victimes, nous ne pouvons* » *pas vous faire espérer qu'on revienne dessus, ni vous offrir d'entreprendre quoi-* » *que ce soit dans ce but.* »

C'est, je le répète, dans cet état de choses que j'ai pris en mains la cause de mes amis, et qu'il m'a été donné d'arrêter le cours de plaintes, aussi amères que justes, en faisant partager la confiance que j'ai dans l'équité du Gouvernement de l'Empereur; confiance dont j'ai tenu a donner un gage matériel en offrant aux Réclamants découragés, et blessés dans la conscience de leur droit, mon travail et mes frais gratuitement en cas que le résultat ne répondît pas à la confiance que j'y ai. Voilà, encore une fois, quelle est ma position dans ces affaires; position *indépendante* et dans laquelle je m'inspire surtout de la justice de cette cause et de ce qu'exigent les intérêts de mon Pays à l'Etranger, dans le sens que je viens de dire; ces sentiments me portent bien naturellement à tâcher de faire obtenir, aux victimes de ce blocus, la justice qui leur est due, mais, *dans la mesure de l'équité;* ainsi, dans cette affaire du *Fame*, je la demande pleine et entière; car, c'est une affaire TOUTE SPÉCIALE, et dans laquelle on paraît avoir pris à tâche de réunir, de grouper TOUTES les illégalités qui se trouvent disséminées, à divers dégrés, dans les autres.

On a voulu savoir quelle était ici ma position; je ne pouvais donc pas me dispenser d'entrer dans tous ces détails, quelle que fût ma répugnance à le faire; et j'ose espérer qu'on y trouvera une preuve de plus de la moralité de cette cause, et surtout de la nécessité d'une réparation.

On ne doit pas supposer que le Gouvernement Français s'abstienne de rendre la justice que lui demandent les propriétaires du *Fame*, par la crainte de se voir ainsi obligé à faire le même accueil à d'autres réclamations; mon respect pour le Gouvernement de l'Empereur et ma confiance absolue dans l'équité de Sa Majesté Impériale m'ont toujours fait repousser avec force cette supposition, chaque fois qu'elle s'est produite; d'ailleurs, je le répète, l'affaire du *Fame* a une gravité EXCEPTIONNELLE, *et elle se présente aujourd'hui d'une manière toute spéciale.*

Je termine en reproduisant l'avis qui était inséré au *Moniteur* du 24 de ce mois :

« Le gouvernement des Etats-Unis vient de satisfaire à une NOUVELLE SÉRIE DE RÉCLAMATIONS, élevées par des armateurs ou négocians français, à l'occasion DES SAISIES INDUMENT OPÉRÉES par la douane de San-Francisco, dans le cours des années 1849 et 1850. Des indemnités *ont été en conséquence accordées* PAR LA TRÉSORERIE AMÉRICAINE à MM. Foussat, Guillevin, Porte et Jouvet, Boyé et Raveau aîné, chargeurs du navire le *Java*, de Bordeaux. Une indemnité supplémentaire a également été attribuée à MM. Foucault et compagnie, armateurs de l'*Abeille*, du port du Havre.

« Le montant de ces diverses indemnités a été immédiatement transmis, par les soins du département des Affaires Étrangères, à la caisse des dépôts et consignations, qui est chargée d'en effectuer le versement entre les mains des ayant-droit.

« Les réclamations des armateurs des navires la *Louise-Marie* du Havre, et le *Java*, de Bordeaux, ainsi que celle de M. Mullot, chargeur à bord du navire l'*Edouard*, ont également été l'objet de liquidations définitives. »

Cet avis fait suite à ceux qui étaient insérés dans les numéros du *Moniteur du 27 février et du 28 mars derniers* pour faire connaître la liquidation *des premières séries d'indemnités* ainsi obtenues par le Gouvernement de l'Empereur, de celui des Etats-Unis de l'Amérique du Nord. Qu'il me soit permis de rappeler ici ce que je disais à cet égard à la page 79 de mon premier Mémoire en Recours :

« La raison d'Etat parle aussi en notre faveur; elle veut qu'on efface, par la réparation, des précédents si dangereux (*); elle veut que le Gouvernement Français, après avoir enregistré dans le *Moniteur* les indemnités qu'il a obtenues de Gouvernements Etrangers, pour des négociants Français, y enregistre également celles qu'il accordera, à si juste titre, à des Nationaux de ces mêmes Pays, lésés ou ruinés par les actes que j'ai signalés.

» *Les unes nous feront autant d'honneur que les autres.*

» La France, a-t-on dit, *est assez riche pour payer sa gloire*; ELLE DOIT L'ÊTRE BIEN PLUS POUR PAYER SA JUSTICE !

» Et d'ailleurs de quoi s'agit-il ici ? De quelques centaines de mille francs !!!

» Voudra-t-on sacrifier à cet intérêt matériel, d'ailleurs si infime pour la France, comme question d'argent, voudra-t-on lui sacrifier la remise en honneur de ces principes qu'on a violés dans toute cette affaire; intérêt bien autrement précieux pour le présent et SURTOUT POUR L'AVENIR ?

» Objectera-t-on que le Trésor public ne peut pas rendre ce qu'il n'a plus, ce qu'on a déjà distribué (**) ou ce qu'il n'a pas reçu, et qu'il faudra le prélever sur l'argent public?

» Il me semble qu'on ne peut faire cette objection sans se méprendre complètement sur l'intérêt véritable et prépondérant de la France dans la solution que je poursuis; mais, si l'on y persistait, je porterais la question sur le terrain de la *réciprocité* et de l'analogie, et je demanderais : Est-ce que le trésor du Brésil avait reçu tout ce que nous lui avons fait payer en en 1828 SOUS LA MENACE D'UN BOMBARDEMENT ? Est-ce que le Trésor des Etats-Unis avait reçu tout ce qu'il vient de nous payer SOUS L'INVOCATION DE LA JUSTICE ET DE LA LOYAUTÉ INTERNATIONALES dans une question *seulement* de *saisies douanières ?*

» Je ne m'arrête pas davantage sur cette objection; le Gouvernement Français *dans sa loyauté, sera le premier à la repousser*; car, MIEUX ET PLUS AMPLEMENT INFORMÉ, il ne voudra pas qu'une sanction Suprême confirme définitivement le sacrifice des maximes et des traditions de la France, en vue d'un intérêt exclusivement pécuniaire! Cet intérêt, d'ailleurs si minime, serait, en effet, le seul auquel on pût attribuer une solution négative. »

En défendant cette cause, qui se trouve aujourd'hui recommandée à la bienveillance et à l'équité de l'Empereur par le Gouvernement de Sa Majesté Britannique, *en demandant justice pour des actes où le nom de la France se trouve si gravement compromis*, JE NE PLAIDE PAS CONTRE MON PAYS, JE PLAIDE PLUTOT ET SURTOUT POUR LUI; et des hommes éclairés, et impartiaux

---

(*) Ceux qui résultent de ce blocus et de ses suites.

(**) Si on y a procédé MALGRÉ l'opposition que j'ai essayé d'y mettre.

estiment que je lui rends un véritable service, en poursuivant, comme je le fais, la solution de cette affaire; car, il en résultera nécessairement plusieurs choses utiles et importantes, Savoir :

1° La réparation entière, il faut l'espérer, d'une erreur inconcevable dans une question de Droit International; — 2° l'annulation d'un Précédent aujourd'hui plus dangereux que jamais. — 3° L'espoir, et même la certitude que le Blocus de Buenos-Ayres, de 1847 à 1848, est le dernier de ce genre qui sera fait au nom de la France; et puis cette solution, *tout en n'étant qu'un acte de rigoureuse Justice*, sera considérée en Angleterre, comme un nouveau gage de cordialité de la part du Gouvernement Français; les Réclamants lui donneront, s'ils l'obtiennent, la publicité la plus étendue; et je m'empresse d'exprimer ici tout le bonheur et tout l'empressement avec lesquels j'y contribuerai.

Chartreuse, 1.er Décembre 1853.

A.-G.-BELLEMARE.

PAU, IMPRIMERIE DE É. VIGNANCOUR.

www.ingramcontent.com/pod-product-compliance
Ingram Content Group UK Ltd.
Pitfield, Milton Keynes, MK11 3LW, UK
UKHW021116230726
13926UKWH00002B/517